Impressum
Verlag: BABADADA GmbH, Nedderfeld 112 , 22529 Hamburg
Geschäftsführer / Verlagsleitung: Harald Hof
Druck: Books on Demand GmbH, In de Tarpen 42, 22848 Norderstedt

Imprint
Publisher: BABADADA GmbH, Nedderfeld 112 , 22529 Hamburg, Germany
Managing Director / Publishing direction: Harald Hof
Print: Books on Demand GmbH, In de Tarpen 42, 22848 Norderstedt

lekòl

escola

salklas
classe

divize
dividir

186/2

planch
tauler

lakou lekòl la
pati (de l'escola)

pwofesè
professor

papye
paper

ekri
escriure

plim
estilogràfica

biwo
escriptori

règ
regle

liv
llibre

elèv
estudiant

ti valiz

bossa

bwat kreyon

estoig

kreyon

llapis

tay Kreyon

maquineta de fer punta

kaoutchou

goma

kanè desen

bloc de dibuix

desen

dibuix

penso

pinzell

bwat penti

capsa de pintures

sizo

tisores

lakòl

cola

liv egzèsis

quadern d'exercicis

devwa

deures

nimewo

nombre

adisyone

afegir

soustrè

sostreure

miltipliye

multiplicar

kalkile

calcular

lèt

lletra

alfabè

alfabet

mo

mot

tèks

text

li

llegir

lakrè

guix

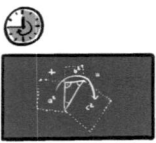

leson

lliçó

kaye nòt

llibre de classe

egzamen

examen

sètifika

certificat

inifòm lekòl la

uniforme escolar

edikasyon

formació

ansiklopedi

enciclopèdia

inivèsite

universitat

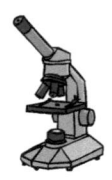

mikwoskòp

microscopi

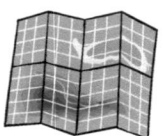

kat jeyografik

mapa

poubèl papye

paperera

vwayaj
viatge

otèl
hotel
Grand
fwaye
alberg
ROOMS
biwo chanj
oficina de canvi
EXCHANGE
valiz la
maleta
machin
automòbil

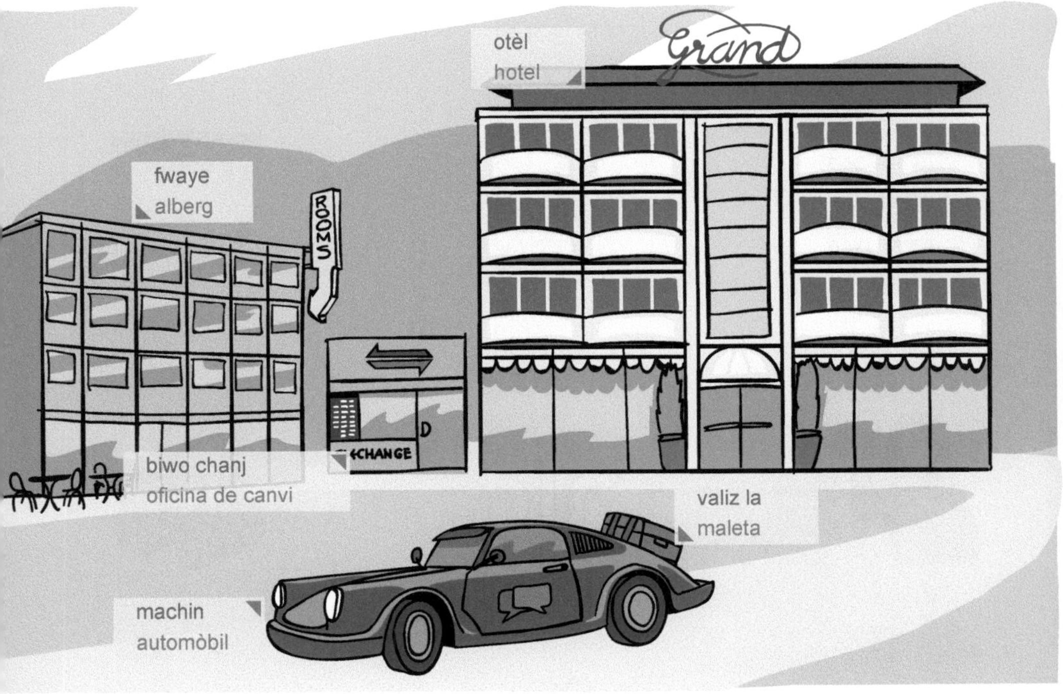

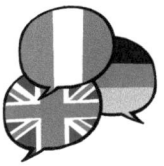

lang

llengua

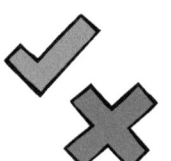

wi / non

sí / no

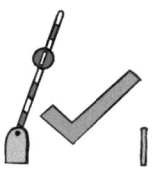

Ok

D'acord

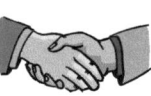

bonjou

Ey!

tradiktè

traductora

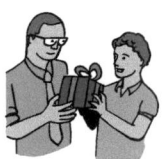

Mèsi

gràcies

konbyen sa koute …?

Quant costa… ?

Mwen pa konprann

No entenc

pwoblèm

problema

Bonswa!

Bona nit!

Bonjou!

bon dia!

Bòn nwi!

bona nit!

orevwa

fins aviat

direksyon

direcció

bagaj

bagatge

valiz

bossa

valiz pou do

sarrona

envite

convidat

chanm

cambra

sak pou dòmi

sac de dormir

tant

tenda

enfòmasyon pou touris

oficina de turisme

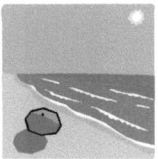

plaj

platja

kat kredi

carta de crèdit

manje maten

esmorzar

dejene

dinar

dine

sopar

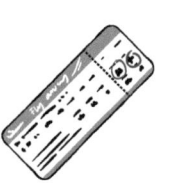

Tikè a

bitllet

asansè

ascensor

temb

segell

fwontyè a

frontera

la dwàn

duana

anbasad

ambaixada

viza

visat

paspò

passaport

transpò
transport

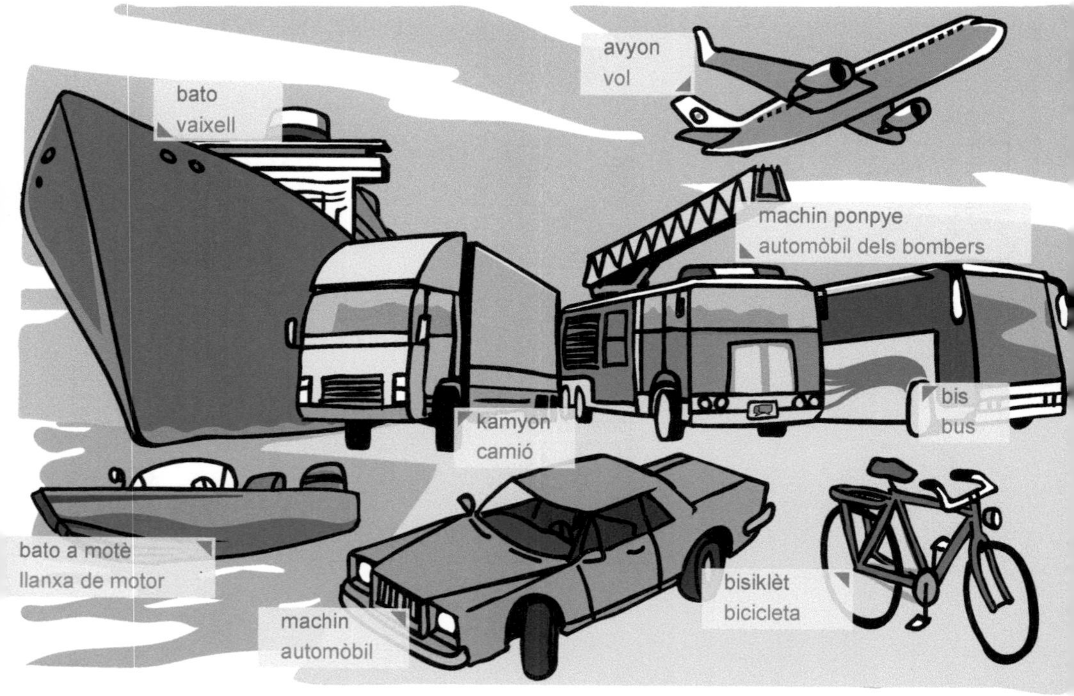
avyon
vol
bato
vaixell
machin ponpye
automòbil dels bombers
kamyon
camió
bis
bus
bato a motè
llanxa de motor
bisiklèt
bicicleta
machin
automòbil

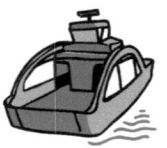

bato
transbordador

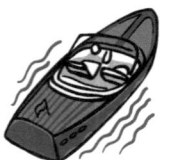

kannòt
barca

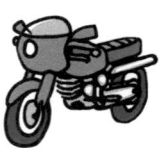

motosiklèt
moto

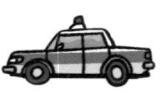

machin polis
automòbil de policia

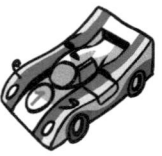

machin kous
automòbil de curses

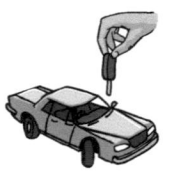

machin lokasyon
automòbil de lloguer

pataj machin

vehicle compartit

machin remòke

grua

machin fatra

camió de les escombraries

motè

motor

gaz

benzina

estasyon gaz

benzineria

pano endikatè

senyal de trànsit

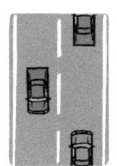

trafik

trànsit

blokis trafik

embús

pakin

aparcament

estasyon tren

estació de trens

ray tren

vies

tren an

tren

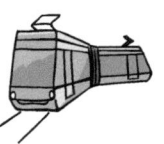

tram

tramvia

wagon

vagó

elikoptè

helicòpter

ayewopò

aeroport

tou

torre

pasaje

passatger

resipyan

contenidor

bwat katon

capsa de cartó

charyo

carretó

poubèl

cistella

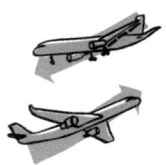

dekole / ateri

enlairar-se / aterrar

lavil
ciutat

vilaj

poble

sant vil la

centre de la ciutat

kay

casa

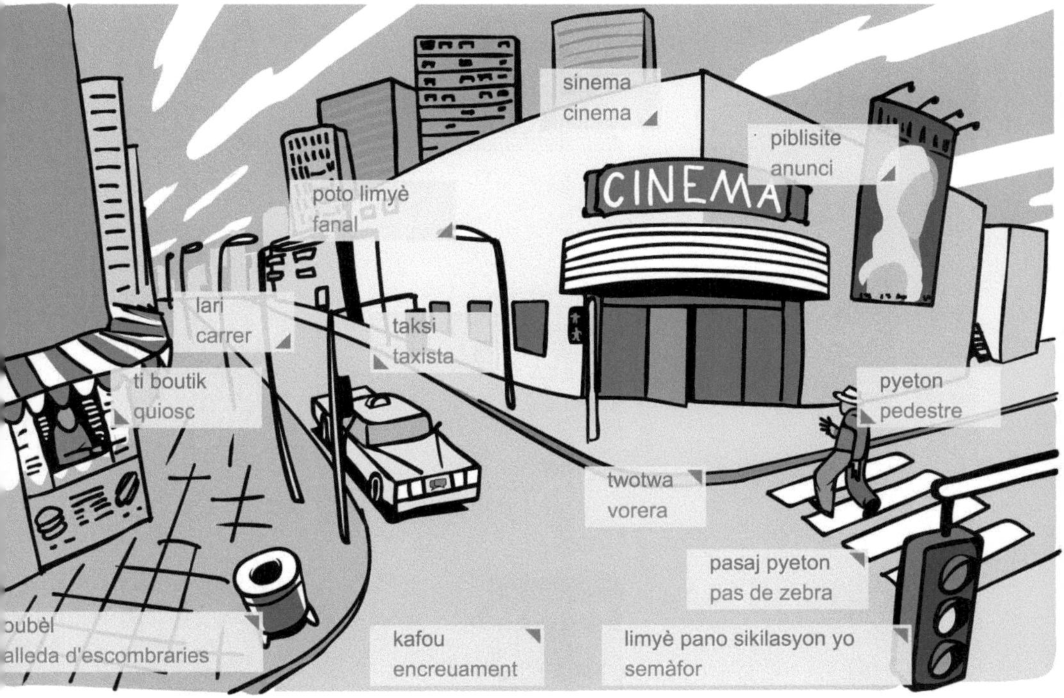

sinema
cinema

piblisite
anunci

poto limyè
fanal

CINEMA

lari
carrer

taksi
taxista

ti boutik
quiosc

pyeton
pedestre

twotwa
vorera

pasaj pyeton
pas de zebra

oubèl
alleda d'escombraries

kafou
encreuament

limyè pano sikilasyon yo
semàfor

ajoupa

cabana

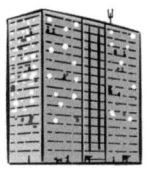

apatman

apartament

estasyon tren

estació de trens

meri

casa de la vila-ciutat

mize

museu

lekòl

escola

inivèsite

universitat

bank

banca

lopital

hospital

otèl

hotel

famasi

farmàcia

biwo

oficina

magazen liv

llibreria

boutik

botiga

machann flè

floristeria

makèt

supermercat

mache a

mercat

magazen

gran magatzem

kote yo vann pwason

peixateria

sant komèsyal yo

centre comercial

pò

port

pak

parc

bank

banc

pon

pont

eskalye

escala

anba tè

metro

tinèl la

túnel

stasyon bis

parada d'autobús

ba

bar

restoran

restaurant

bwat postal

bústia de correu

pano afichaj

senyal indicador

aparèy pakmèt

parquímetre

zoo

zoo

pisin

piscina

moske

mesquita

fèm agrikòl

granja

polisyon

pol·lució

simityè

cementiri

legliz

església

lakou rekreyasyon

parc infantil

tanp

temple

peyizaj
paisatge

fèy
fulla

pano endikatè
cartell indicador

chemen
camí

preri
prat

wòch
pedra

vwayajè
excursionista

pyebwa
arbre

rivyè
riu

zèb
gespa

flè
flor

lavale
vall

mòn
muntanya

lak
llac

forè
bosc

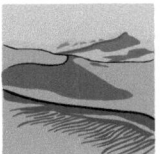

dezè
desert

vòlkan
volcà

chato
castell

lakansyèl
arc de Sant Martí

djondjon
bolet

pye palmis
palmera

moustik
moscard

vole
mosca

foumi
formiga

gèp
abella

zaryen
aranya

skarabe

escarabat

krapo

granota

ekirèy

esquirol

lerison an

eriçó

lapen

llebre

chwèt

òliba

zwazo

ocell

siy

cigne

sangliye

senglar

sèf

cervo

elan

ant

baraj

presa

tibin van

turbina

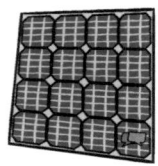

pano solèy

panell solar

klima

clima

restoran

restaurant

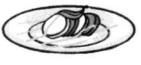

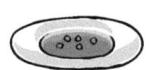

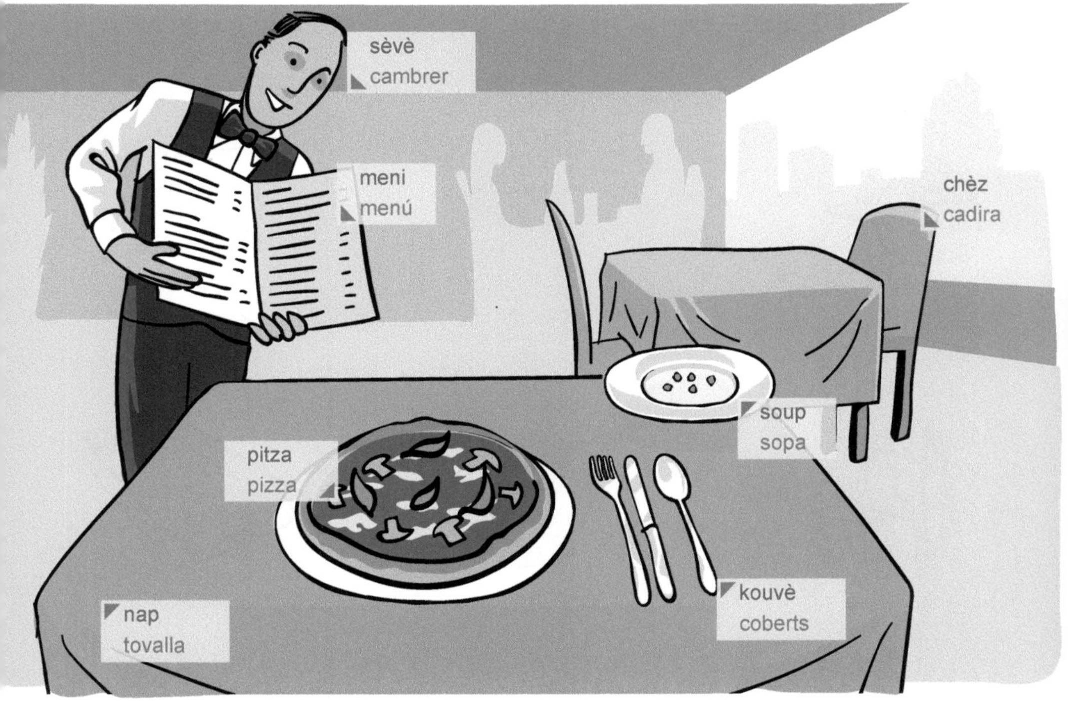
sèvè
cambrer
meni
menú
chèz
cadira
soup
sopa
pitza
pizza
kouvè
coberts
nap
tovalla

asyèt

primer plat

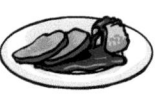

pla prensipal

plat principal

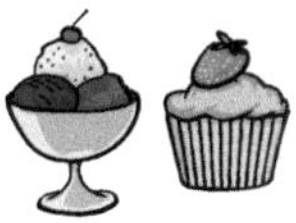

desè

darreries

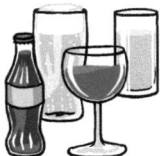

bwason yo

begudes

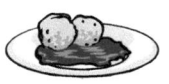

manje

menjar

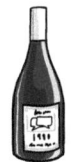

boutèy

ampolla

fast-food

menjar ràpid

manje nan lari

menjar de carrer

kafetyè

tetera

bòl sik

sucrer

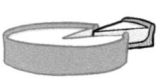

pòsyon

porció

machin ekspreso

màquina d'espresso

chèz wo

trona

bòdwo

factura

plato

plata

kouto

ganivet

fouchèt

forqueta

kiyè

cullera

ti kiyè kafe

cullereta

sèvyèt pou tab

tovalló

vè

got

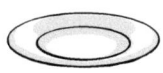

asyèt

plat

asyèt pou soup

plat de sopa

sokoup

plateret

sòs

salsa

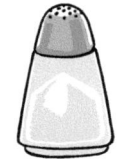

boutèy sèl fen

saler

moulen pwav

molinet de pebre

vinèg

vinagre

lwil

oli

epis

espècies

sòs tomat

quètxup

moutad

mostassa

mayonèz

maionesa

makèt
supermercat

òf pwomosyonèl
oferta especial
FOR
kliyan
client
pwodwi letye
productes lactis
fwi
fruites
charyo
carret de la compra

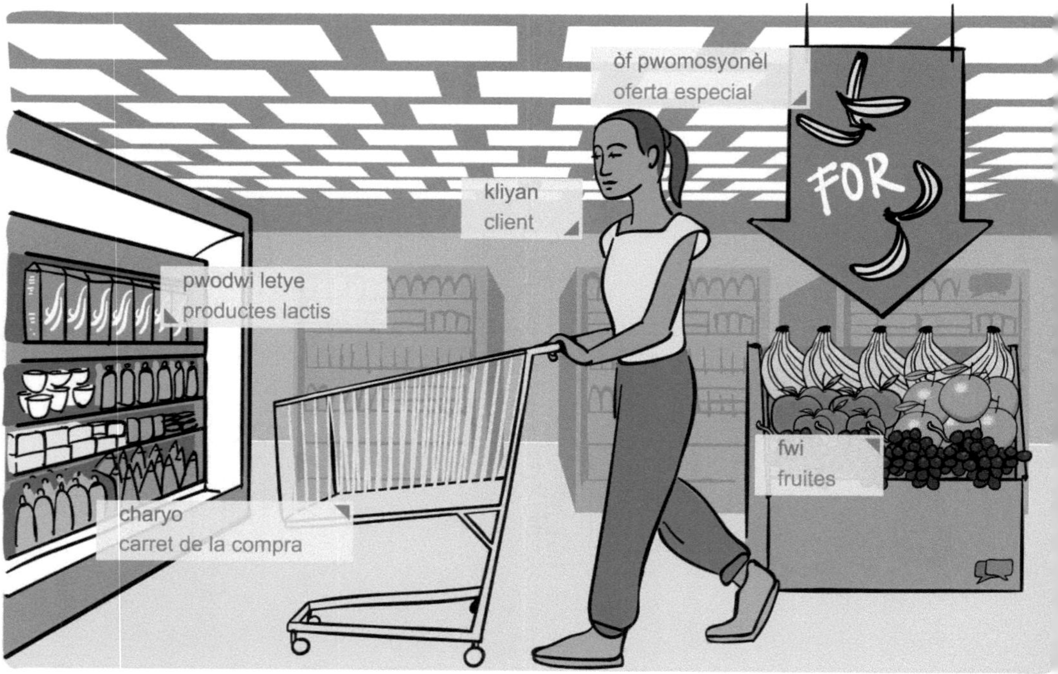

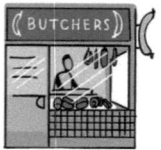

BUTCHERS
bouche

carnisseria

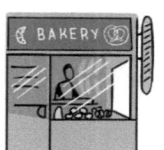

BAKERY
boulanje

forn de pa

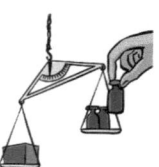

peze

pesar

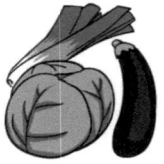

legim yo

verdures

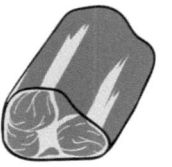

vyann

carn

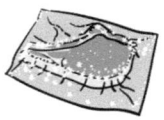

manje nan frizè

menjar congelat

vyann fime

carn freda

bwat konsèv

conserves

savon

detergent en pols

sirèt yo

dolços

atik nan kay la

articles domèstics

pwodwi netwayaj

productes de neteja

vandè

venedora

kès

caixa registradora

kesye

caixera

lis acha

llista de la compra

lè fonksyònman

horari d'obertura

bous

portamonedes

kat kredi

carta de crèdit

sak

bossa

sak plastik la

bossa de plàstic

dlo

aigua

ji fwi

suc

lèt

llet

koka

coca-cola

diven

vi

byè

cervesa

alkòl

alcohol

chokola

cacau

te

te

kafe

cafè

ekspreso

espresso

cappucino

cappuccino

bannann

banana

pòm

poma

zoranj

taronja

melon

síndria

sitwon

llimona

kawòt

pastanaga

lay

all

banbou

bambú

zonyon

ceba

djondjon

bolet

nwa

avellanes

vèmisèl

fideus

espageti

espaguetis

diri

arròs

salad

amanida

pòmdetè fri

patates fregides

pòmdetè fri

patates fregides

pitza

pizza

anmbègè

hamburguesa

sandwich

entrepà

filè

escalopa

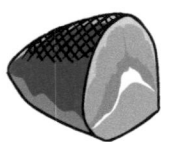

janbon

cuixot

salami

salami

sosis

salsitxa

poul

pollastre

boukannen

rostit

pwason

peix

avwàn

flocs de civada

muzli la

musli

cornflakes

cereals

farin

farina

kwasan

croissant

ti pen

panet

peny

pa

pen griye

torrada

biskwit yo

bescuits

bè

mantega

krèm fwomaj blan

mató

gato

pastís

ze

ou

ze fri

ou fregit

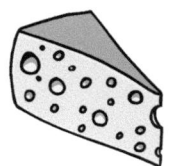

fwomaj

formatge

krèm ala glas
gelat

sik
sucre

myèl
mel

konfiti
melmelada

krèm chokola
crema de xocolata

curry
curri

fèm agrikòl

granja

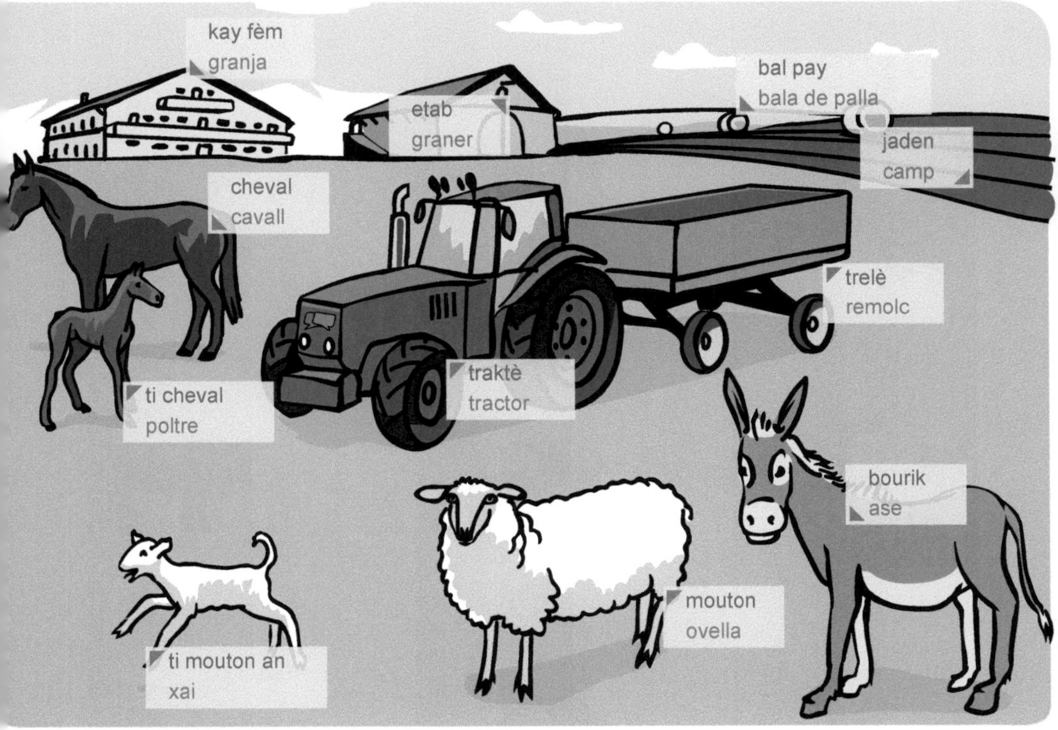

kay fèm
granja
bal pay
bala de palla
etab
graner
jaden
camp
cheval
cavall
trelè
remolc
traktè
tractor
ti cheval
poltre
bourik
ase
mouton
ovella
ti mouton an
xai

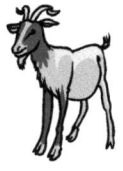

kabrit

cabra

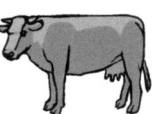

bèf

vaca

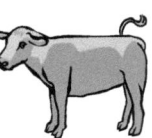

ti bèf la

vedella

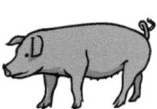

kochon

porc

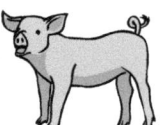

ti kochon

garrí

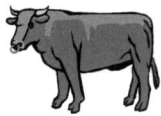

towo bèf

bou

zwa

oca

kana

ànec

ti poul la

poll

manman poul la

gall

kòk

gallina

rat

rata

chat

gat

sourit

ratolí

bèf

bou

chen

gos

kay chen

gossera

tiyo jaden an

mànega de regar

awozwa

regadora

lam fochez

dalla

chari

arada

fèm agrikòl - granja

kouto digo

falç

pikwa

aixada

fouch

forca

rach

destral

brouèt

carretó

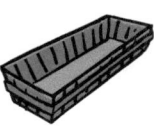

tank

abeurador

po pou lèt

lletera

sak

sac

kloti

tanca

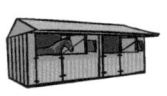

etab

establa

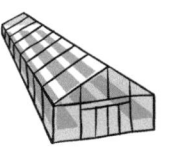

efè rechofman

hivernacle

tè

sòl

grenn

llavor

angrè

adob

machin agrikòl

collidora

rekòlte

collir

rekòt

collita

yanm

nyam

ble

blat

soja

soja

pòmdetè

patata

mayi

blat de moro o d'indi

kolza

colza

pyebwa ki donnen

arbre fruiter

manyòk

mandioca

sereyal yo

cereals

kay
casa

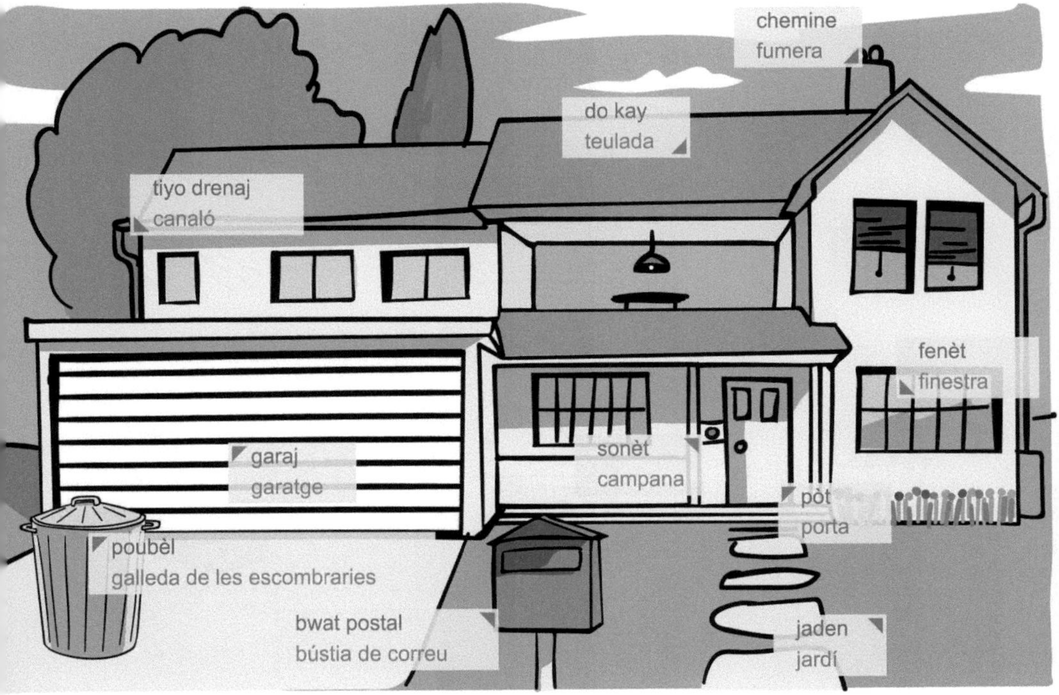
chemine
fumera
do kay
teulada
tiyo drenaj
canaló
fenèt
finestra
garaj
garatge
sonèt
campana
pòt
porta
poubèl
galleda de les escombraries
bwat postal
bústia de correu
jaden
jardí

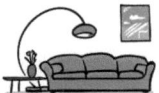

salon
sala d'estar

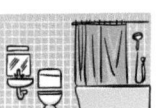

sal de ben
bany

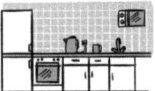

kwizin
cuina

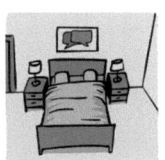

chanm
cambra de dormir

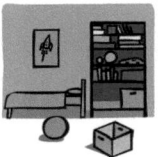

chanm timoun
cambra de nen

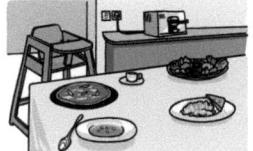

sal a manje
menjador

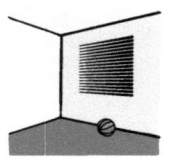

etaj
sòl

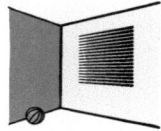

mi
paret

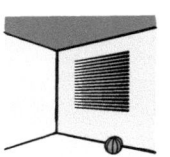

plafon
sostre

kav
soterrani

sona
sauna

balkon
balcó

teras la
terrassa

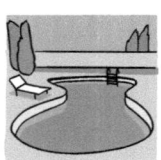

pisin
piscina

tondèz pou gazon
tallagespa

fèy
vànova

dra
cobrellit

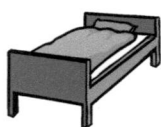

kabann
llit

bale
escombra

bokit
galleda

entèriptè
interruptor

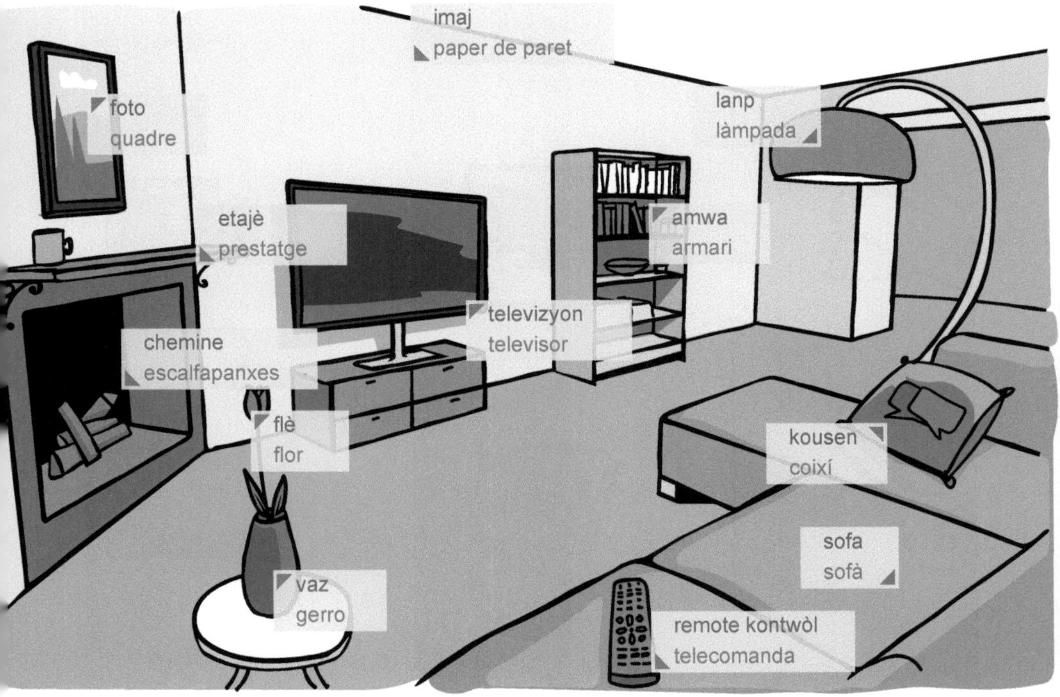

imaj
paper de paret

foto
quadre

lanp
làmpada

etajè
prestatge

amwa
armari

chemine
escalfapanxes

televizyon
televisor

flè
flor

kousen
coixí

sofa
sofà

vaz
gerro

remote kontwòl
telecomanda

kapèt

catifa

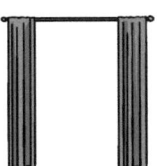

rido

cortina

tab

taula

chèz

cadira

dodin

cadira gronxadora

chèz

cadiral

liv
llibre

dra
llençol

dekorasyon
decoració

bwa dife
llenya

fim
film

aparèy mizik
cadena de música

kle
clau

jounal
diari

penti
pintura

postè
cartell

radyo
ràdio

kanè nòt
bloc de notes

aspiratè
aspiradora

kaktis
cactus

balèn
candela

kwizin
cuina

frijidè
refrigerador
fou mikwo ond
microones
balans pou kwizin
balança de cuina
tostè
torradora
detèjan
detergent per a plats
fou
forn
frizè
congelador
poubèl
galleda de les escombraries
machin alave pou veso
rentaplats

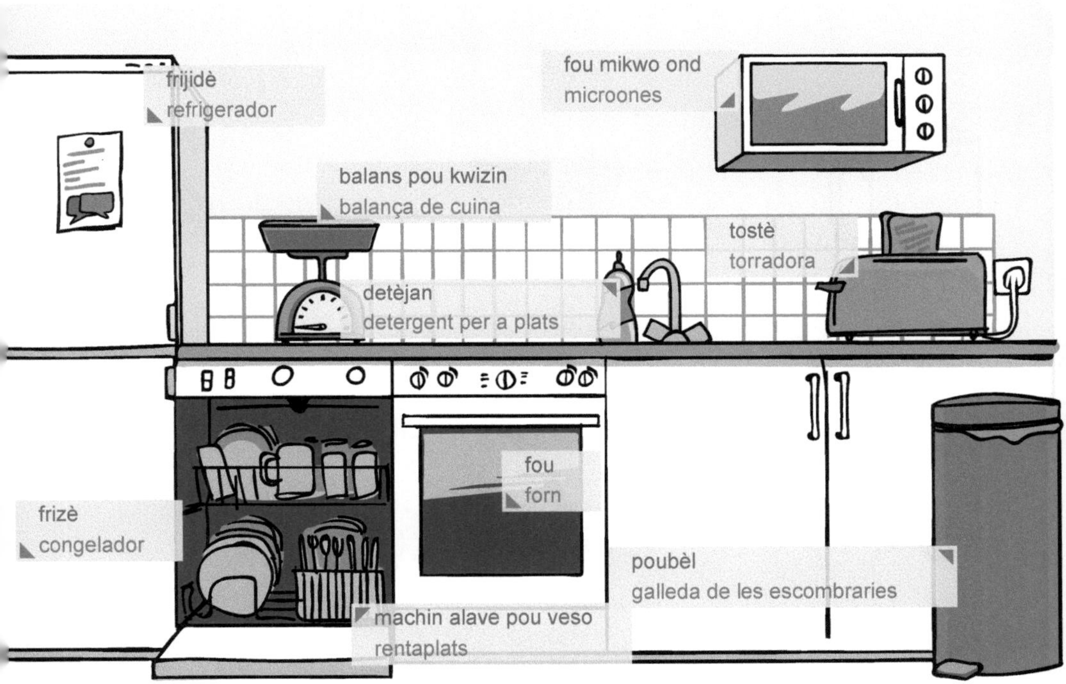

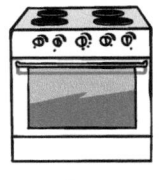

fou
cuina de fogons

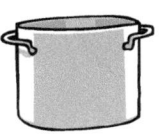

kaswòl
olla

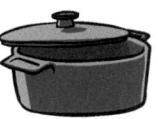

mamit
olla de ferro colat

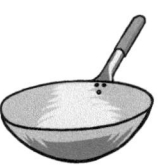

wok / kadai
wok / karahi

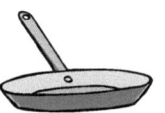

pwelon
paella

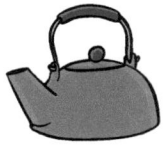

kafetyè elektrik pou bouyi dlo
bullidor

aparèy kwison a vapè

olla de vapor

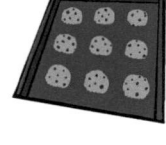

plato fou

plata de forn

istansil

vaixella

goblè

tassa grossa

bòl

bol

bagèt

bastonets xinesos

louch

culler

spatul

espàtula

batez

batedor

paswa

colador

paswa

sedàs

graj

ratllador

mòtye

morter

babekyou

barbacoa

dife

foc a terra

planch kizin

taula de tallar

woulo patisri

corró

tir bouchon

llevataps

kanèt

pot de conserva

aparèy pou ouvri kanèt

obridor

gan kwizin

agafador

lavabo

aigüera

bwòs

raspall

eponj

esponja

blendè

batedora

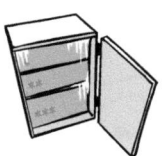

konjelatè

congelador

bibon

biberó

tiyo

aixeta

sal de ben
bany

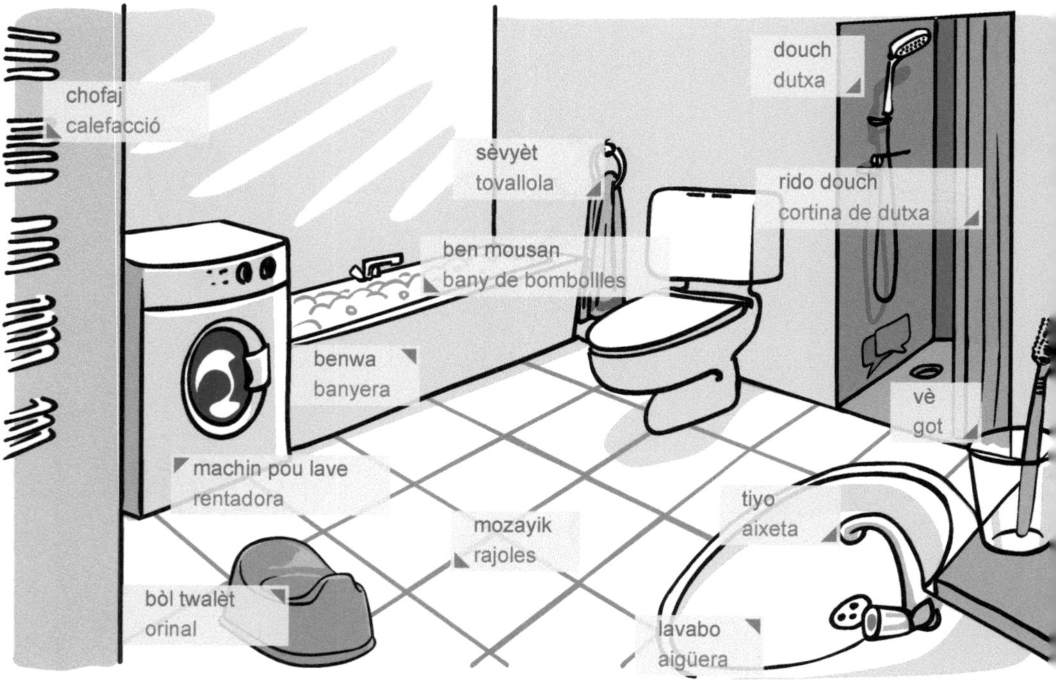
chofaj
calefacció
sèvyèt
tovallola
douch
dutxa
rido douch
cortina de dutxa
ben mousan
bany de bombollles
benwa
banyera
machin pou lave
rentadora
vè
got
tiyo
aixeta
mozayik
rajoles
bòl twalèt
orinal
lavabo
aigüera

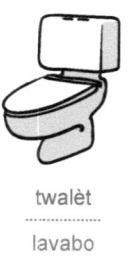

twalèt
lavabo

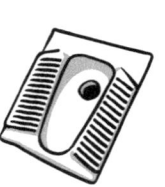

twalèt pou koupi
lavabo turc

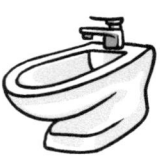

bidet
bidet

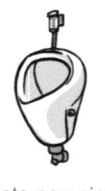

kote pou pipi
orinador

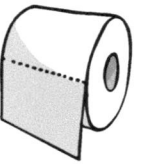

papye twalèt
paper higiènic

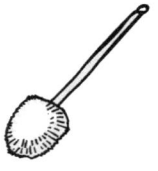

bwòs twalèt
escombreta de sanitari

bwòs dan

raspall de dents

pat dantifris

pasta de dents

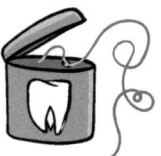

fil dantè

fil dental

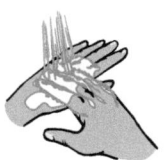

lave

rentar

wobinè douch pou kenbe

pom de dutxa

twalèt entim

dutxa íntima

lavabo

rentamans

bwòs pou do

raspall per a l'esquena

savon

sabó

jèl douch

gel de dutxa

chanpou

xampú

gan douch

manyopla de bany

ekoulman

bonera

krèm

crema

deyodoran

desodorant

miwa

mirall

miwa pòtatif

mirall-espill de mà

razwa

maquineta de rasar

losyon mous pou razaj

espuma de barbejar

losyon aprè razaj

loció post-rasada

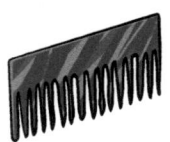

peny

pinta

bwòs

raspall

sechwa

eixugador

spre pou cheve

laca

makiyaj

maquillatge

wouj a lèv

pintallavis

vèni pou zong

esmalt d'ungles

boul koton

cotó

tay zong

tallaungles

pafen

perfum

twous pou douch

estoig de bellesa

bankèt

tamboret

balans

bàscula

wòb pou chanm

barnús

gan kawotchou

guants de goma

tampon

compresa higiènica

sèvyèt ijyenik

compresa

twalèt chimik

sanitari químic

chanm timoun

cambra de nen

revèy alam
despertador
nounous
animal de peluix
machin jwèt
auto de joguina
jwèt tchatcha
sonall
kay poupe
casa de nines
kado
present

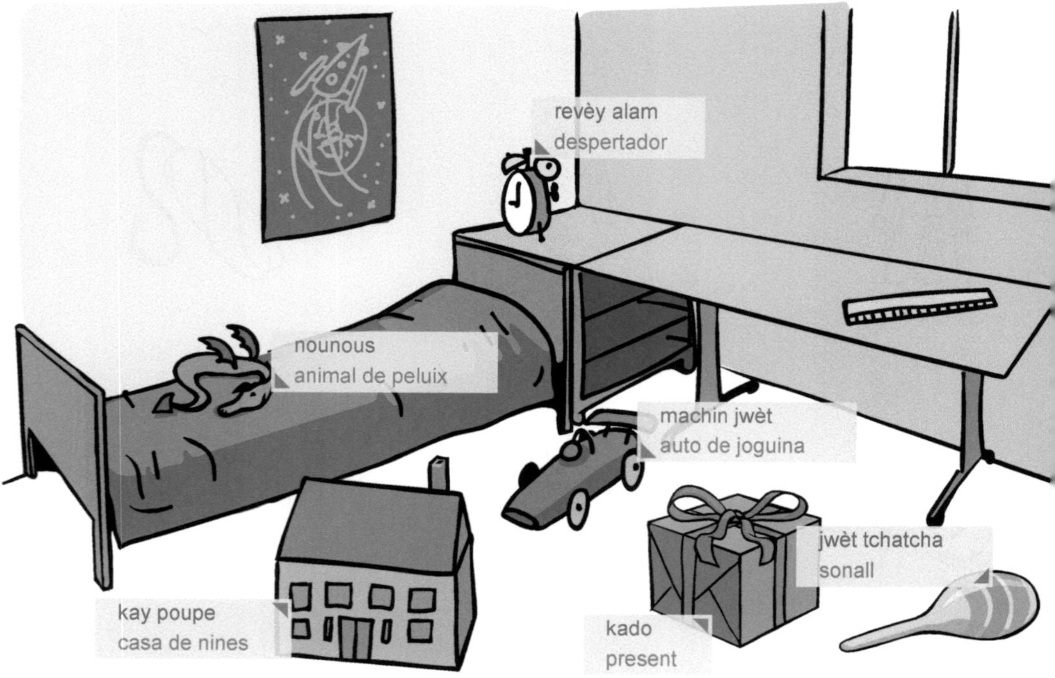

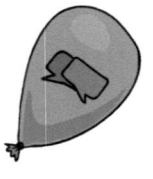

balon

baló

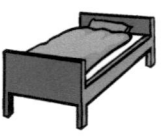

kabann

llit

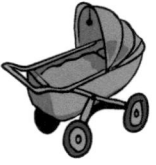

pousèt

cotxet per a nens

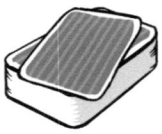

jwèt kat

joc de cartes

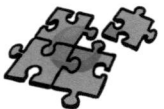

puzzle

trencaclosca

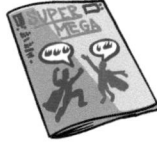

ti komik

historieta

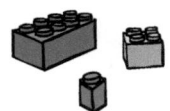

pyès lego

peces de lego

jwèt blòk konstriksyon

peces de construcció

ti tonton jwèt

ninot d'acció

rad ti bebe

granota

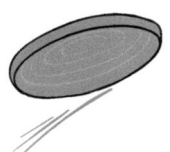

frisbee

frisbee

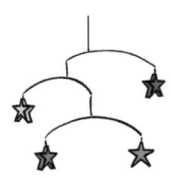

jwèt mobil

mòbil per a bressol

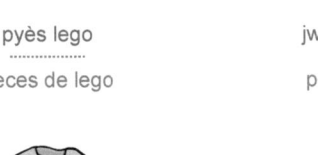

jwèt sosyete

joc de taula

jwèt de

daus

jwèt tren

tren elèctric

sousèt

xumet

fèt

festa

liv ak imaj

llibre de dibuixos

boul

pilota

poupe

nina

jwe

jugar

bak sab

sorrera

balanswa

gronxador

jwèt

joguines

jwèt videyo

consola de jocs de vídeo

bekàn twa wou

tricicle

nounous

osset de peluix

pandri

armari

rad

roba

chosèt

mitjons

ba

mitges

kolan

mitja pantaló

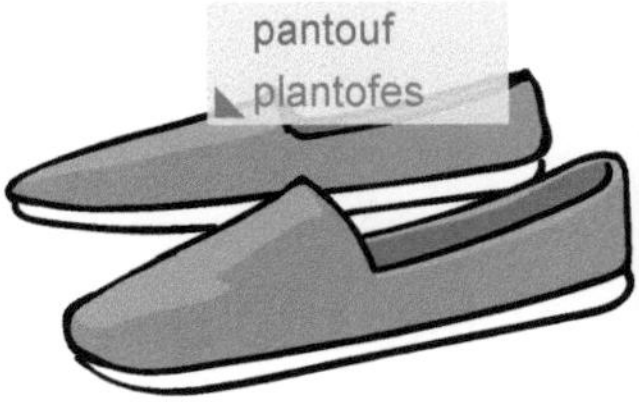

foula
tapacoll

parapli
paraigua

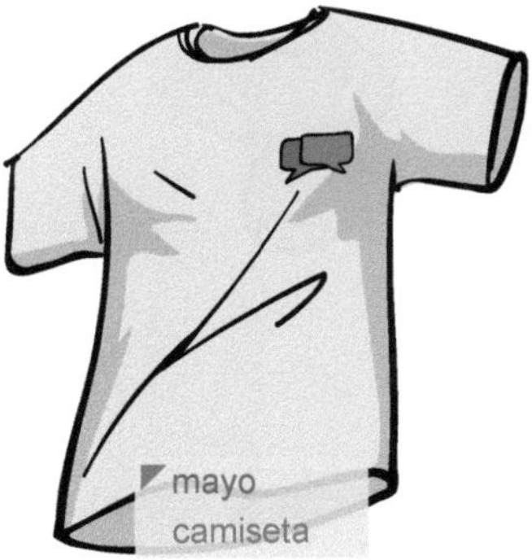

sentiwon
cintura

mayo
camiseta

tenis
sabates d'esport

bòt
botes

pantouf
plantofes

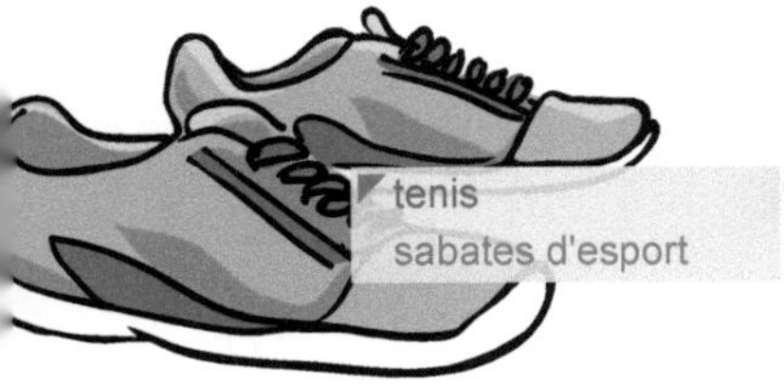

sapat
....
sandàlies

soulye
....
sabates

bòt kawotchou
....
botes de goma

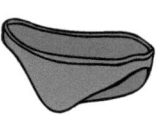

sou vètman
....
calçonets

soutyen
....
sostenidor

jilè
....
guardapits

rad - roba

kò
jjustacòs

pantalon
pantalons

pantalon jeans
jeans

jip
faldeta

kòsaj
brusa

chemiz
camisa

jakèt
jersei

jakèt
dessuadora

vès
blazer

jakèt
jaqueta

manto
mantell

padesi
impermeable

kostim
vestit de dona

wòb
vestit de dona

rad marye
vestit de núvia

kostim

vestit d'home

chemiz de nwi

camisa de dormir

pijama

pijama

sari

sari

foula

mocador de cap

turban

turbant

burqa

burca

kaftan

caftan

abaya

abaia

kostim de ben

vestit de bany

chòt

calçon(et)s de bany

bout pantalon

pantalons curts

rad spò

xandall

tabliye

davantal

gan

guants

bouton
botó

linèt
ulleres

braslè
braçalet

kolye
collaret

bag
anell

zanno
orellera

kepi
casquet

sèso
penjador

chapo
capell

kravat
corbata

zip
cremallera

kas
casc

bretèl
elàstics

inifòm lekòl la
uniforme escolar

inifòm
uniforme

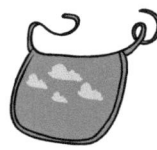

bib

pitet

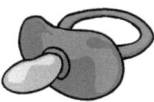

sousèt

xumet

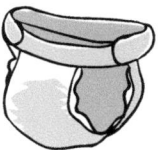

kouch sou bebe

bolquer

biwo
oficina

sèvè
servidor
kazye pou dosye
armari arxivador
enprimant
impressora
papye
paper
ekran
monitor
biwo
escriptori
souri
ratolí
klasè
arxivador
klavye
teclat
poubèl papye
paperera
òdinatè
ordinador
chèz
cadira

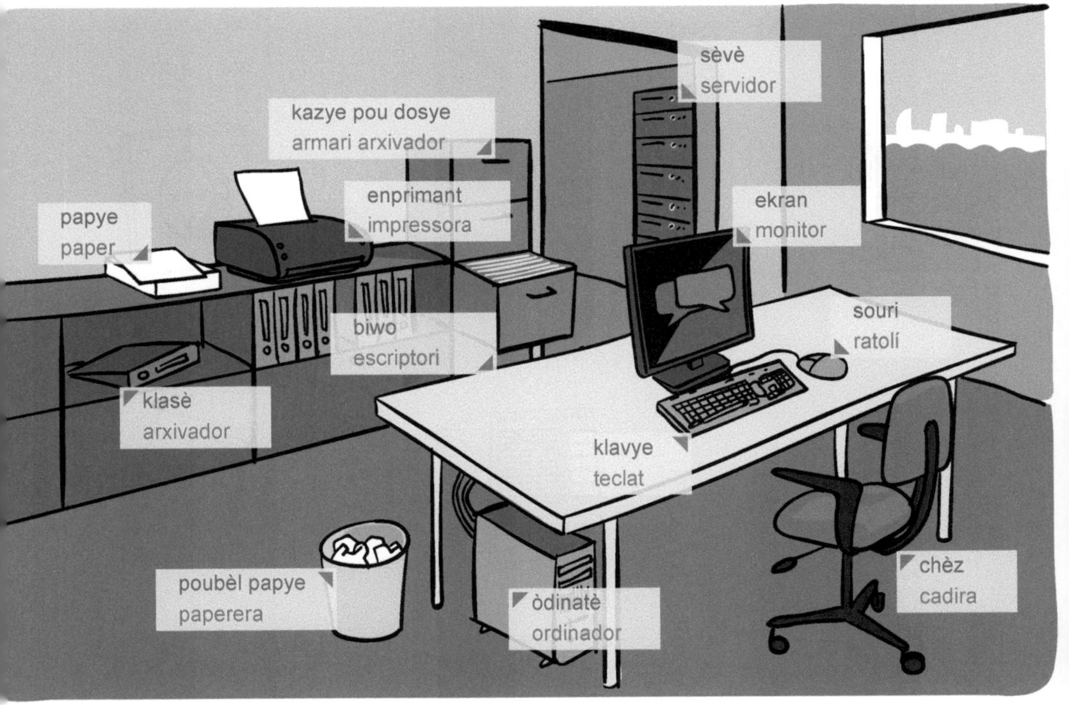

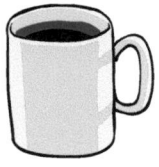

tas kafe

tassa de cafè

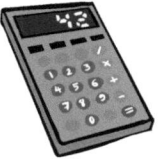

kalkilatris

calculadora

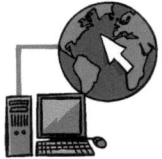

entènèt

Internet

laptop

ordinador portàtil

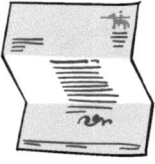

lèt

lletra

mesaj

missatge

pòtab

mòbil

rezo

xarxa

machin fotokopi

fotocopiadora

lojisyèl

programari

telefòn

telèfon

priz pou ploge

presa de corrent

faks machin

fax

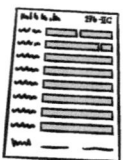

fòm

formulari

dokiman

document

achte

comprar

peye

pagar

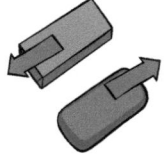

komès

comerciar

lajan an

diners

dola

dòlar

ewo

euro

yen

ien

rouble

ruble

fran swis

franc suís

yuan renminbi

renminbi

roupi

rupia

distribitè otomatik

caixa automàtica

biwo chanj

oficina de canvi

lò

or

lajan

argent

gaz

petroli

enèji

energia

pri

preu

kontra a

contracte

taks

impost

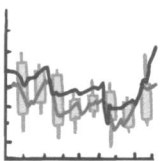

aksyon

acció

travay

treballar

anplwaye

treballador

patwon

empresari

faktori

fàbrica

boutik

botiga

pwofesyon yo
oficis

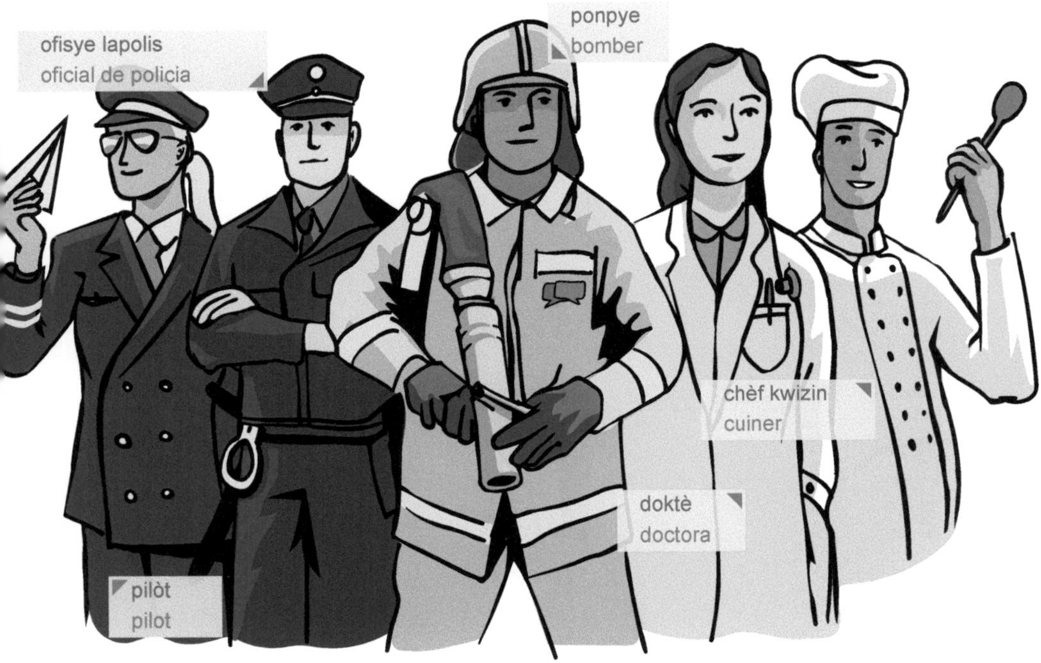

ofisye lapolis
oficial de policia
ponpye
bomber
chèf kwizin
cuiner
doktè
doctora
pilòt
pilot

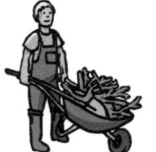

jadinye

jardiner

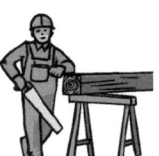

bòs chapant

fuster

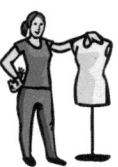

koutirye

costurera

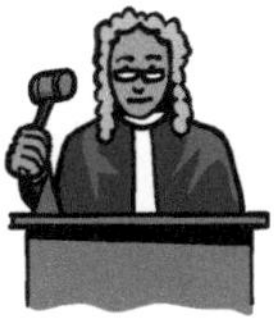

jij

jutge

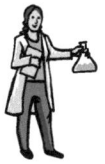

famasyen

química

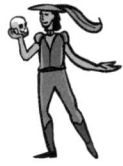

aktè

actor

chofè otobis

conductor d'autobús

chofè taksi

taxista

pechè

pescador

dam responsab netwayaj

dona de la neteja

bòs ki ranje twati

ensostrador

sèvè

cambrer

chasè

caçador

pent la

pintor

boulanje

forner

elektrisyen

electricista

ouvriye

obrer de la construcció

enjenyè

enginyer

bouche

carnisser

plonbye

llanterner

faktè

correu

sòlda

soldat

achitèk

arquitecte

kesye

caixera

machann flè

florista

kwafè

perruquer

kontwolè

revisor

mekanisyen

mecànic

kapitèn

capità

dantis

dentista

syantifik

científic

raben

rabí

imam

imam

mwàn

monjo

prèt

capellà

zouti yo

eines

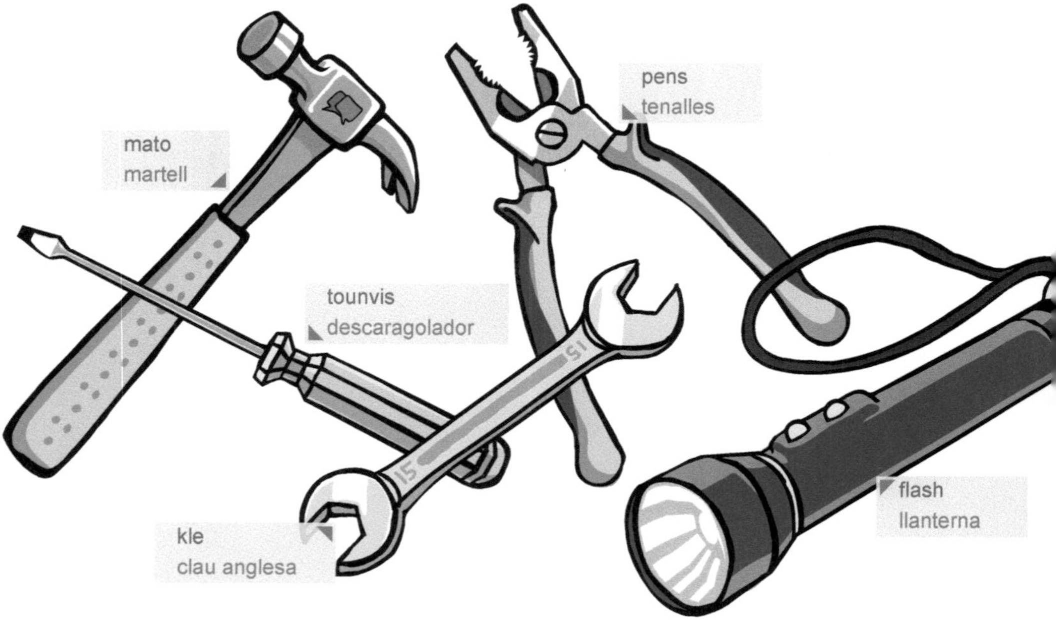

pens
tenalles
mato
martell
tounvis
descaragolador
flash
llanterna
kle
clau anglesa

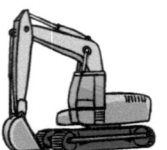

pèl ekskavatris

excavadora

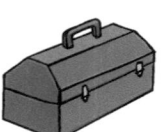

bwat zouti

caixa d'eines

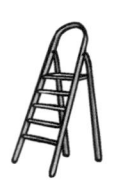

echèl

escala

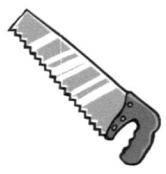

siyameto

serra

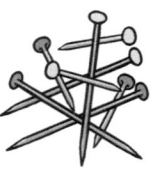

klou

claus

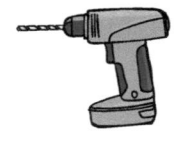

dril

trepant

repare
reparar

pèl
pala

Kèt!
Maleït siga!

ramaswa
pala

bokit penti a
pot de pintura

vis yo
caragols

enstriman mizik yo
instrument de música

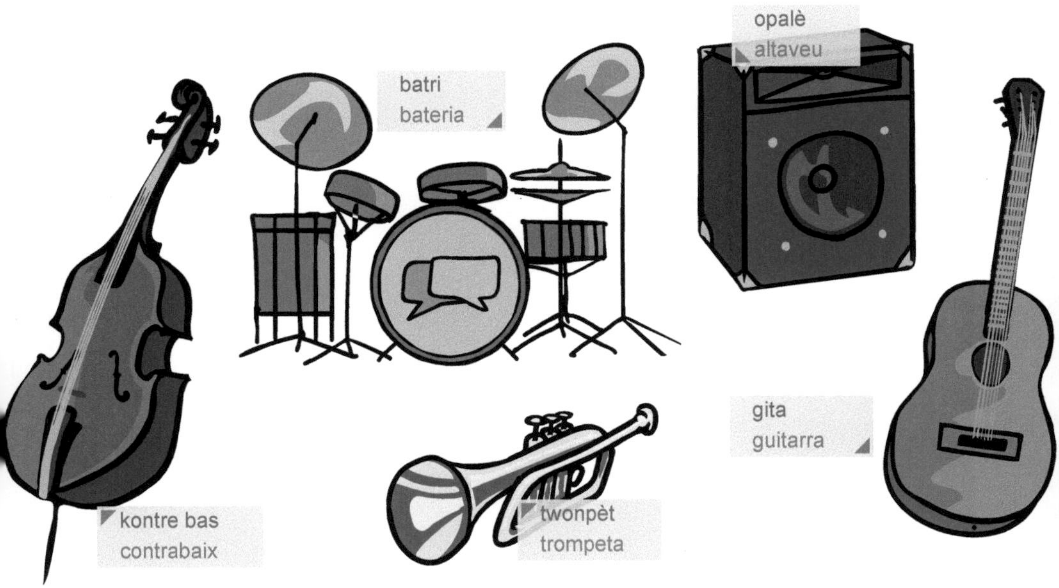

opalè
altaveu

batri
bateria

gita
guitarra

kontre bas
contrabaix

twonpèt
trompeta

pyano

piano

violon

violí

bas

baix

tenbal

timbal

tanbou

tambor

pyano elektrik

teclat

saksofòn

saxofon

flit

flauta

mikwofòn la

micròfon

tig
tigre

antre a
entrada

kalòj
gàbia

zèb
zebra

manje bèt
aliment per a animals

panda
ós panda

bèt yo

animals

elefan

elefant

kangouwou

cangurú

rinoseròs

rinoceront

goril

goril·la

lous

ós

chamo

camell

otrich

estruç

lyon

lleó

makak

simi

flaman woz

flamenc

jako

papagai

lous polè

ós polar

pengwen

pingüí

reken

ca mari

pan

paó

koulèv

serp

kwokodil

cocodril

gadyen zou

guardià del zoo

fòk

foca

jaguar

jaguar

pone
....
poni

leyopa a
....
lleopard

ipopotam la
....
hipopòtam

jiraf
....
girafa

malfini
....
àliga

sangliye
....
senglar

pwason
....
peix

tòti
....
tortuga

mòs
....
morsa

rena
....
guineu

gazèl la
....
gasela

foutbòl ameriken
futbol americà

siklism
ciclisme

tenis
tenis

baskètbòl
bàsquet

naj
natació

bòks
boxa

hockey sou glas
hoquei sobre gel

foutbòl
futbol americà

badminton
bàdminton

atletism
atletisme

handball
handbol

ski
esquí

polo
polo

aktivite yo
activitats

sote
saltar
bo
abraçar
ri
riure
mache
anar
chante
cantar
rèv
somiar
priye
pregar
bo
fer un petó

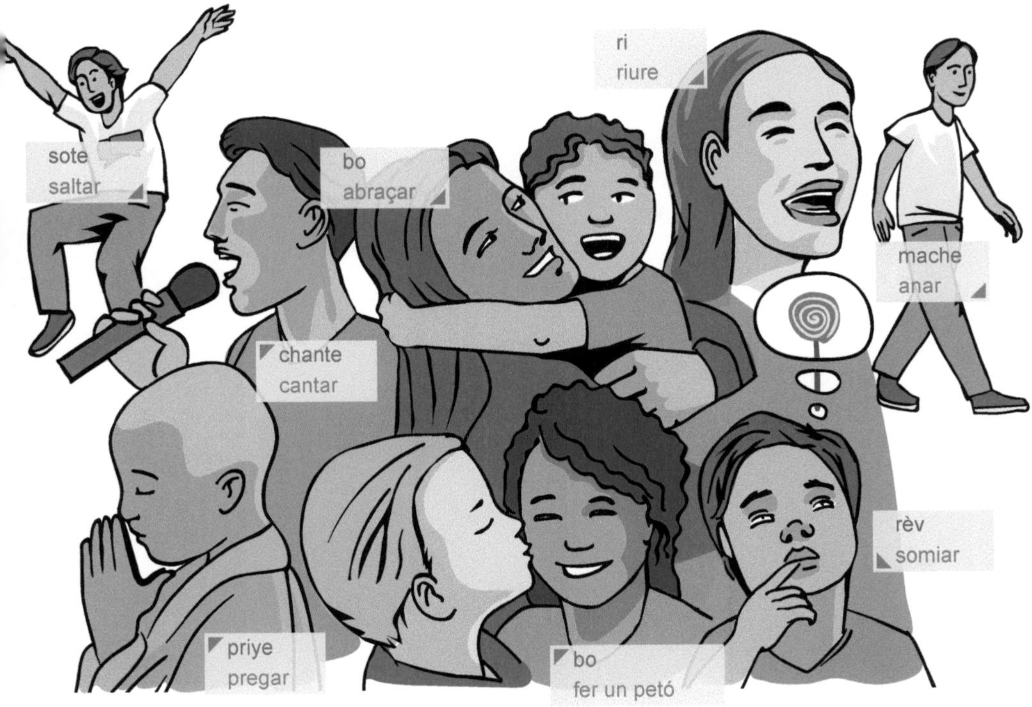

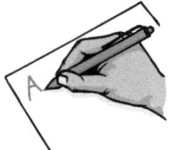

ekri

escriure

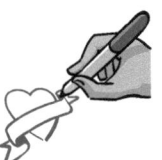

desine

dibuixar

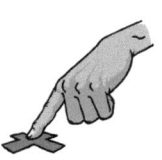

montre

mostrar

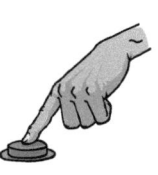

pouse

pitjar

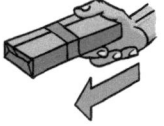

bay

donar

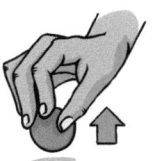

pran

prendre

genyen
tenir

fè
fer

vèb èt
ésser

leve kanpe
estar dret

kouri
córrer

rale
estirar

voye
llançar

tonbe
caure

kouche
jeure

atann
esperar

pote
portar

chita
asseure's

abiye
vestir-se

dòmi
dormir

reveye
despertar-se

gade

mirar

kriye

plorar

karese

amoixar

peny

pentinar

pale

parlar

konprann

comprendre

mande

demanar

koute

escoltar

bwè

beure

manje

menjar

ranje

endreçar

renmen

estimar

kwit manje

cuinar

kondwi

conduir

vole

volar

aktivite yo - activitats

navige

navegar

kalkile

calcular

li

llegir

aprann

aprendre

travay

treballar

marye

casar-se

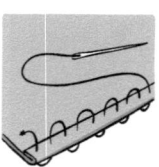

koud

cosir

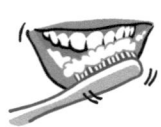

bwose dan

raspallar-se les dents

touye

matar

fimen

fumar

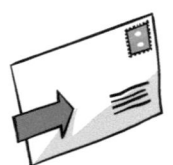

voye

enviar

fanmi
família

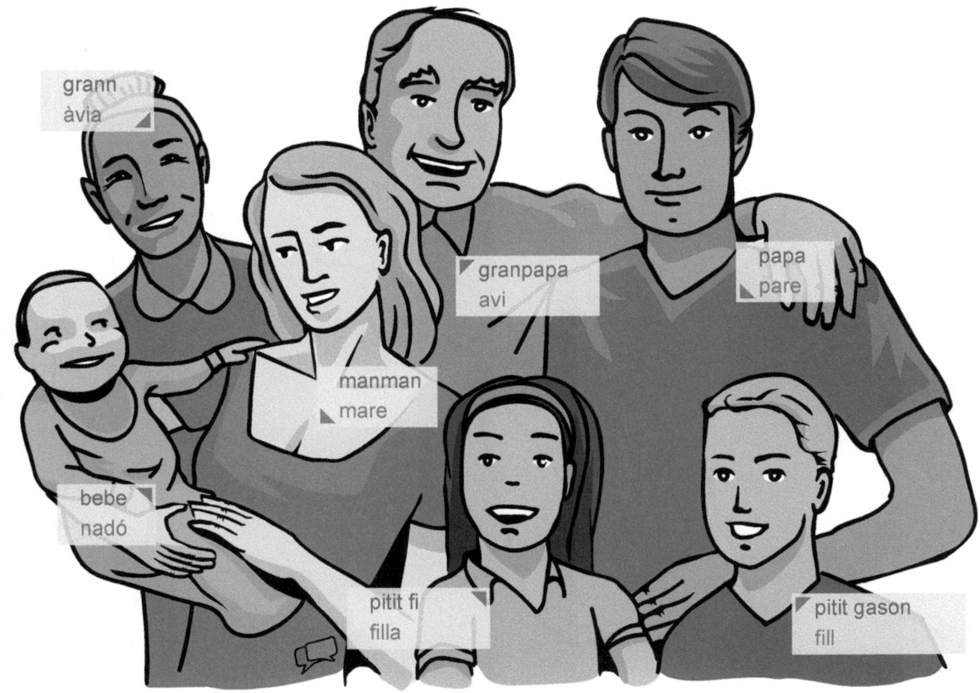
grann
àvia
granpapa
avi
papa
pare
manman
mare
bebe
nadó
pitit fi
filla
pitit gason
fill

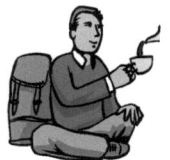

envite
convidat

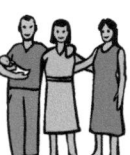

matant
tia

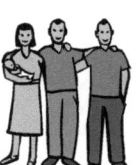

tonton
oncle

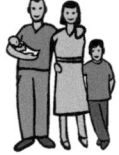

frè
germà

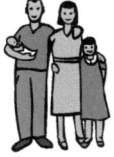

sè
germana

kò

cos

fwon
front
zye
ull
zepòl
espatlla
dwèt
dit
figi
cara
manton
barbeta
men
mà
tete
pit
janm
cama
bra
braç

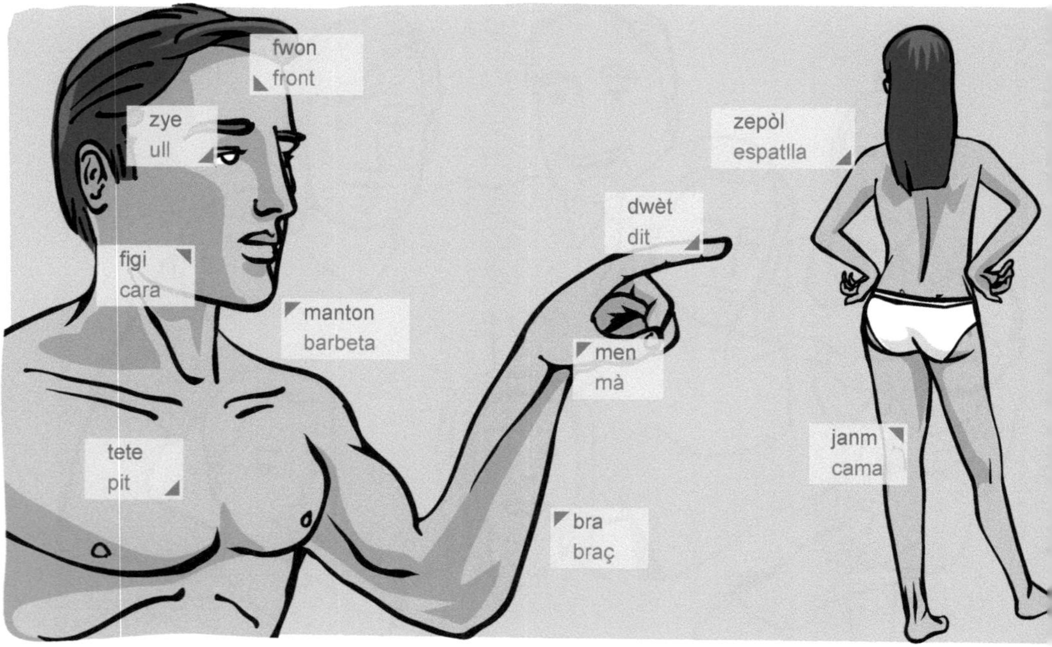

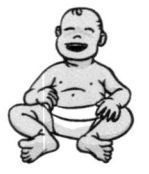

bebe

nadó

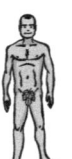

moun

home

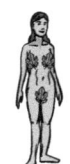

fi

dona

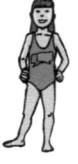

tifi

noia

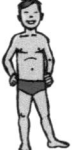

gason

noi

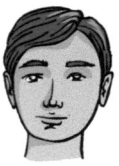

tèt

cap

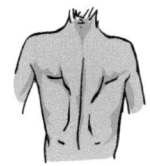

do
esquena

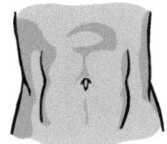

vant
panxa

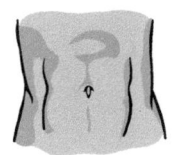

lombrit
melic

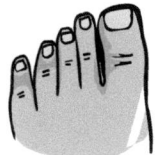

zòtèy
dit gros del peu

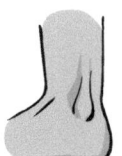

talon pye
taló

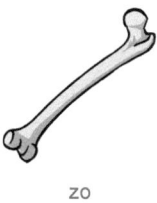

zo
os

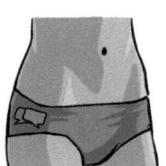

anch
maluc

jenou
genoll

koud
colze

nen
nas

dèyè
cul

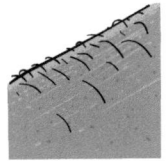

po
pell

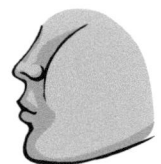

machwè
galta

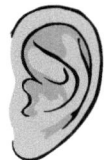

zòrèy
orella

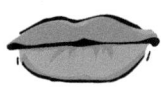

lèv
llavi

bouch

boca

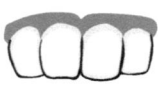

dan

dent

lang

llengua

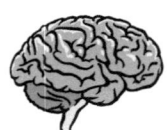

sèvo

cervell

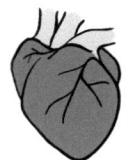

kè

cor

misk

múscul

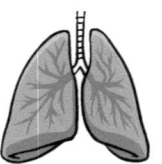

poumon

pulmó

fwa

fetge

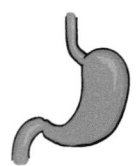

lestomak

estómac

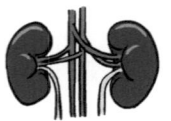

ren

ronyó

sèks

relació sexual

kapòt

preservatiu

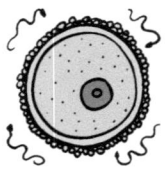

ovil

ovari

espèm

semen

gwosès

prenyat

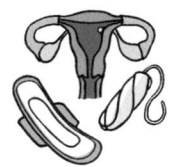

règ

menstruació

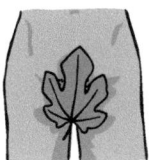

vajen

vagina

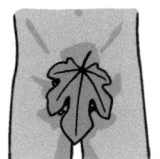

peni

penis

sousi

cella

cheve

cabells

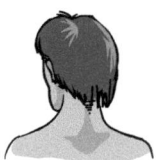

kou

coll

lopital
hospital

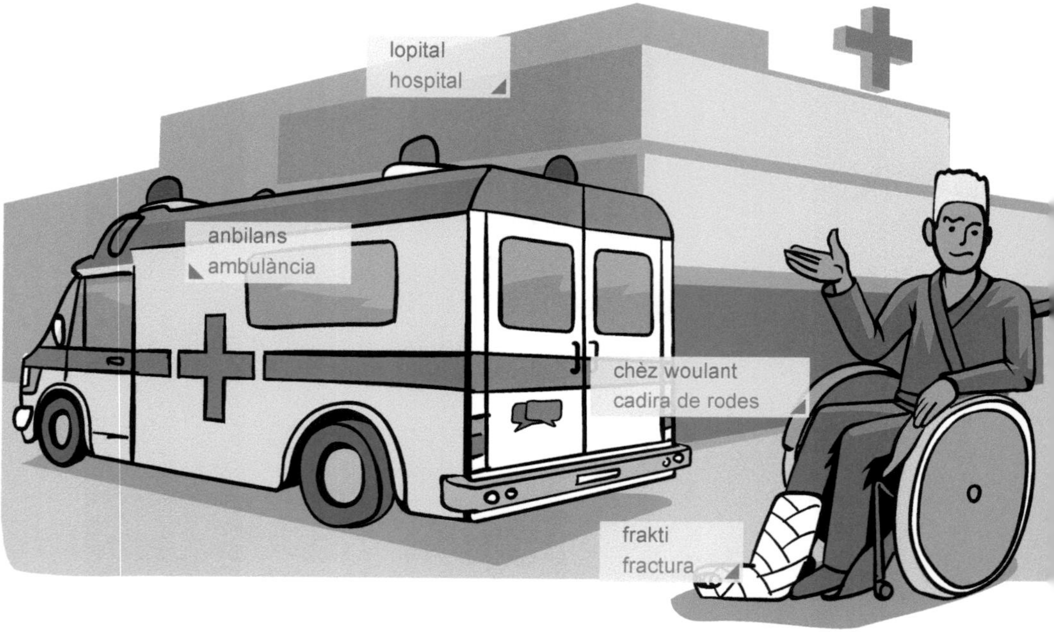

anbilans
ambulància

chèz woulant
cadira de rodes

frakti
fractura

doktè
....
doctora

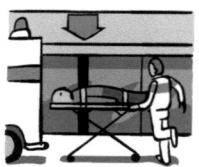

sal ijans
....
sala d'urgències

enfimyè
....
infermera

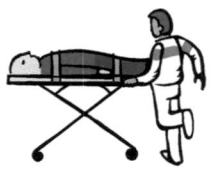

ijans
....
urgència

san konesans
....
inconscient

doulè
....
dolor

aksidan

ferida

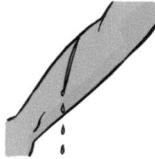

senyen

sagnament

kriz kadyak

atac de cor

estwòk

apoplexia

alèji

al·lèrgia

tous

tos

lafyèv

febre

grip

gripa

dyare

diarrea

maltèt

mal de cap

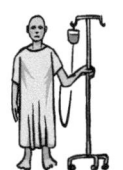

kansè

càncer

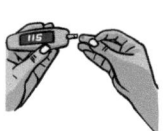

dyabèt

diabetis

chirijyen

cirurgià

bistouri

escalpel

operasyon

operació

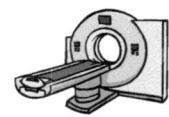

CT
....
tomografia computada (TC), TAC

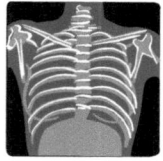

radyografi
....
raigs x

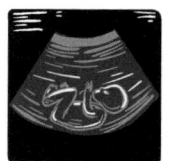

ekografi
....
ultrasò

mask figi
....
mascareta

maladi
....
malaltia

sal datant
....
sala d'espera

beki
....
crossa

plat
....
tireta

pansman
....
embenat

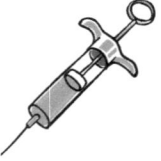

enjeksyon
....
injecció

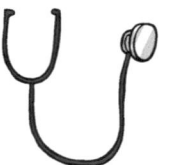

stetoskop
....
estetoscopi

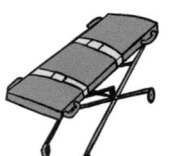

branka
....
llitera

tèmomèt klinik
....
termòmetre clínic

nesans
....
pariment

ki twò gwo
....
sobrepès

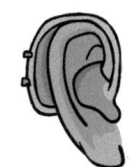

aparèy pou ede tande

aparell auditiu

dezenfektan

desinfectant

enfeksyon

infecció

viris

virus

VIH / SIDA

VIH / SIDA

medikaman

medicina

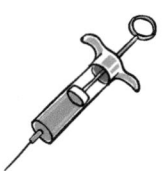

vaksinasyon

vaccí

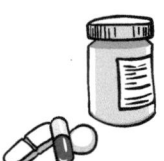

konpime yo

comprimits

konprime

píl·lola

apèl ijans

trucada d'urgència

kontwole san presyon

tensiòmetre

malad / an sante

malalt / sà

Sekou!

Socors!

alam

alarma

atak

assalt

atak

atac

danje

perill

sòti dijans

sortida-eixida d'urgència

Dife!

Foc!

ekstenktè

extintor

aksidan

accident

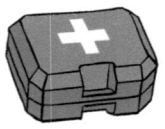

kit premye swen

farmaciola de primers auxilis

SOS

SOS

lapolis

policia

Ewòp

Europa

Amerik di Nò

Amèrica del Nord

Amerik di sid

Amèrica del Sud

Lafrik

Àfrica

Lazi

Àsia

Ostrali

Austràlia

Oseyan Atlantik

Atlàntic

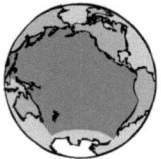

Oseyan Pasifik

Pacífic

Oseyan Endyen

Oceà Índic

Oseyan Antatik

Oceà Antàrtic

Oseyan aktik

Oceà Àrtic

Pol Nò

pol nord

Pol Sid

pol sud

Antatik

Antàrtida

latè

terra

peyi

país

lanmè

mar

zile

illa

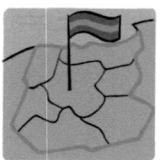

nasyon

nació

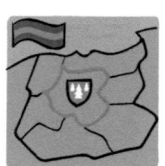

eta

estat

kadran

quadrant

egwi èdtan

agulla de les hores

egwi minit

agulla dels minuts

egwi segond

agulla dels segons

Kilè li ye ?

Quina hora és?

jou

dia

tan

temps

kounye a

ara

mont dijital

rellotge digital

minit

minut

lè

hora

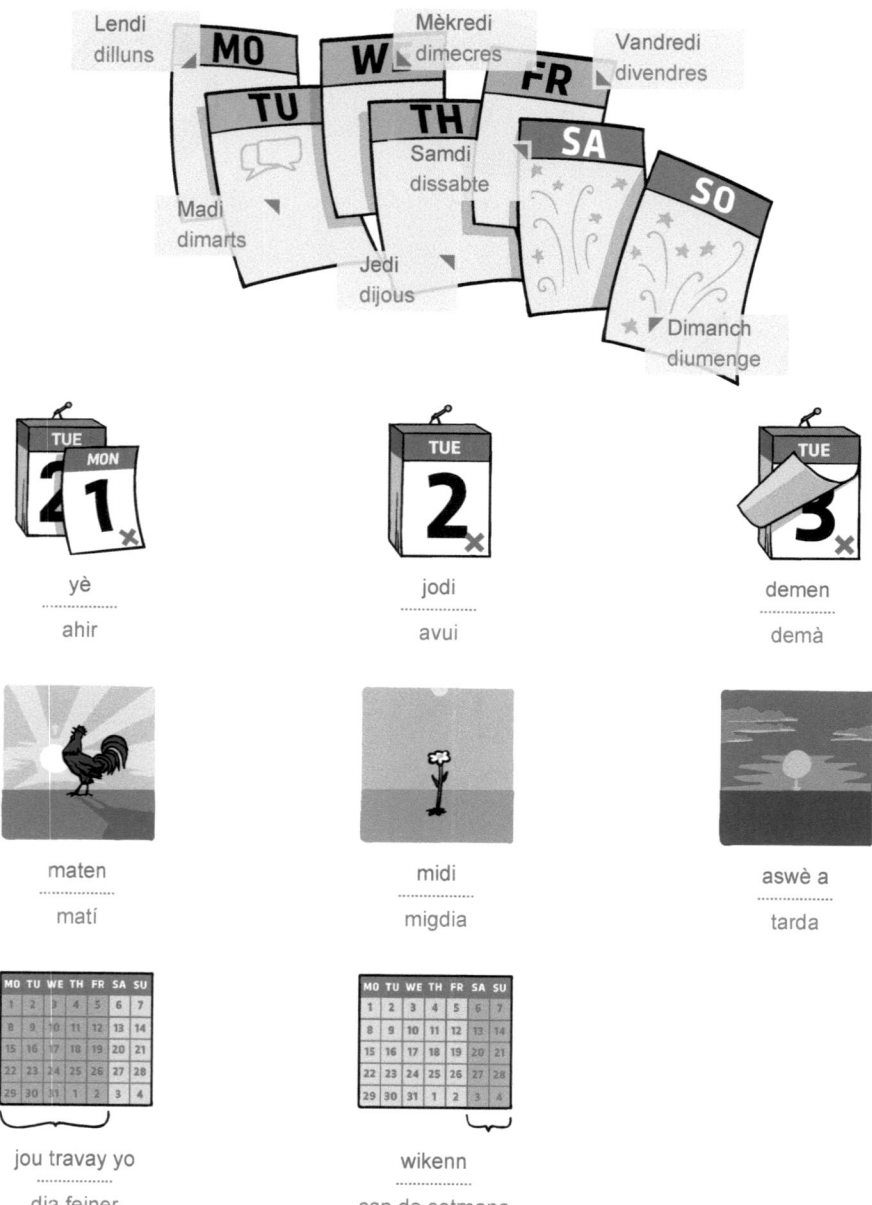

Lendi — dilluns
Mèkredi — dimecres
Vandredi — divendres
Madì — dimarts
Samdi — dissabte
Jedi — dijous
Dimanch — diumenge

yè
ahir

jodi
avui

demen
demà

maten
matí

midi
migdia

aswè a
tarda

jou travay yo
dia feiner

wikenn
cap de setmana

ane
any

lapli
pluja
lakansyèl
arc de Sant Martí
nèj
neu
van
vent
prentan
primavera
otòn
tardor
ete
estiu
sezon ivè
hivern

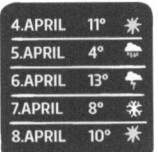

4.APRIL 11°
5.APRIL 4°
6.APRIL 13°
7.APRIL 8°
8.APRIL 10°

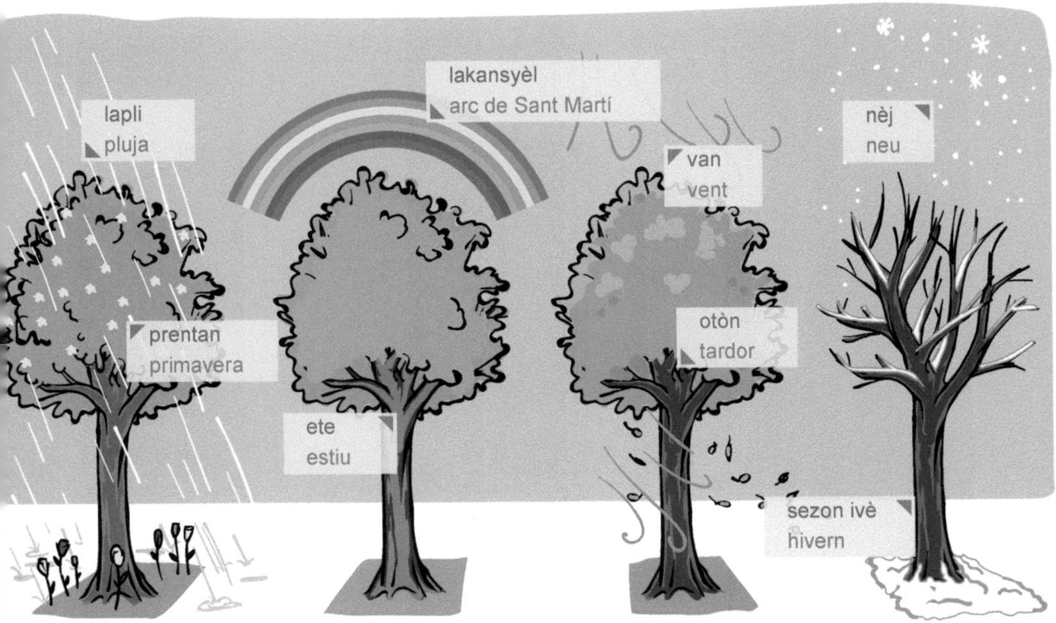

move tan

pronòstic del temps

F C
120 40
90 30
60 20
30 10
0 0
-30 -10
-20

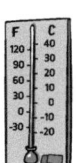

tèmomèt

termòmetre

limyè solèy la

llum del sol

nyaj

núvol

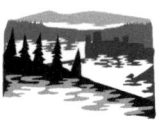

bwouya

boira

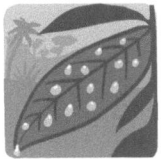

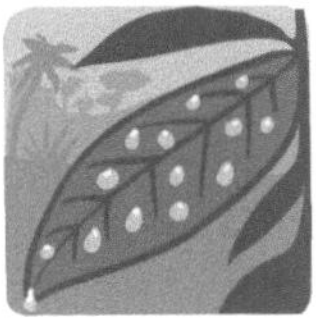

imidite

humiditat de l'aire

zeklè

llamp

loraj

tro

tanpèt

tempesta

lagrèl

calamarsa

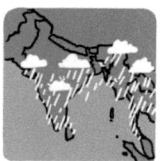

mouson

monsó

inondasyon

inundació

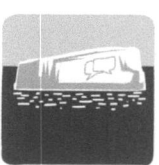

glas

gel

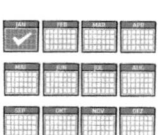

Janvye

gener

Fevriye

febrer

Mas

març

Avril

abril

Me

maig

Jen

juny

Jiyè

juliol

Daout

agost

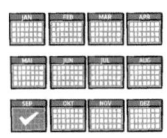

Septanm

setembre

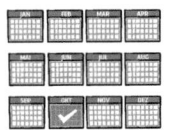

Oktòb

octubre

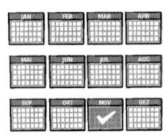

Novanm

novembre

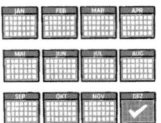

Desanm

desembre

fòm yo
formes

sèk

cercle

kare

quadrat

rektang

rectangle

triyang

triangle

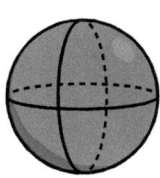

esfè

esfera

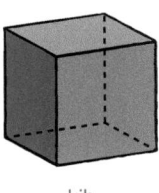

kib

cub

blan

blanc

jòn

groc

oranj

taronja

woz

rosa

wouj

vermell

vyolè

lila

ble

blau

vèt

verd

mawon

marró

gri

gris

nwa

negre

anpil / on ti kras

molt / poc

fache / kalm

emprenyat / tranquil

bèl / lèd

bonic / lleig

kòmansman / lafen

començament / fi

gwo / piti

gran / petit

klè / fonse

clar / fosc

frè / sè

germà / germana

pwòp / sal

net / brut

konplè / enkonplè

complet / incomplet

lajounen / lanwit

dia / nit

mouri / vivan

mort / viu

laj / etwat

ample / estret

yo ka manje / yo paka manje

comestible / immenjable

mechan / jantiy

dolent / amable

kè kontan / raz

entusiasmat / entediat

gra / mèg

gros / prim

premye / dènye

primer / darrer

zanmi / lènmi

amic / enemic

plen / vid

ple / buit

di / mou

dur / tou

lou / lejè

pesant / lleuger

grangou / swaf

gana / set

malad / an sante

malalt / sà

ilegal / legal

il·legal / legal

entèlijan / estipid

intel·ligent / ximple

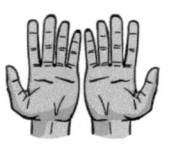

gòch / dwat

esquerra / dreta

tou pre / lwen

prop / llunyà

tou nèf / sèvi deja

nou / usat

anyen / kèkchoz

res / quelcom

vye / jenn

vell / jove

limen / etèn

encès / apagat

louvri / fèmen

obert / tancat

silans / fè bri

silenciós / sorollós

rich / pòv

ric / pobre

kòrèk / enkòrèk

correcte / incorrecte

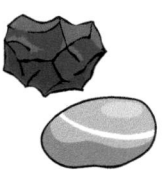

ki graj / ki lis

aspre / suau

tris / kontan

trist / content

kout / long

curt / llarg

ralanti / vit

lent / ràpid

mouye / sèk

humit / sec - eixut

cho / frèt

calent / fred

lagè / lapè

guerra / pau

0

zewo

zero

1

youn

u

2

de

dos

3

twa

tres

4

kat

quatre

5

senk

cinc

6

sis

sis

7

sèt

set

8

uit

vuit

9

nèf

nou

10

dis

deu

11

onz

onze

12
douz

dotze

13
trèz

tretze

14
katòz

catorze

15
kenz

quinze

16
sèz

setze

17
disèt

disset

18
dizwit

divuit

19
diznèf

dinou

20
ven

vint

100
san

cent

1.000
mil

mil

1.000.000
milyon

milió

Anglè

anglès

Anglè Ameriken

anglès americà

Chinwa Mandaren

xinès mandarí

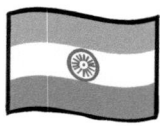

Hindi

hindi

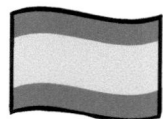

Panyòl

espanyol

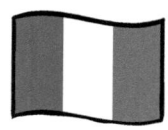

Franse

francès

Arab

àrab

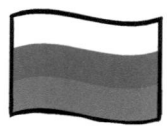

Ris

rus

Pòtigè

portuguès

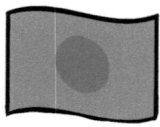

Bengali

bengalí

Alman

alemany

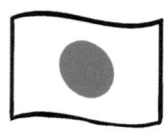

Japonè

japonès

Mwen

jo

ou

tu

li

ell / ella / allò

nou

nosaltres

nou/ ou

vosaltres

yo

ells

kiyès?

qui?

kisa?

què?

kijan?

com?

kibò?

on?

kilè?

quan?

non

nom

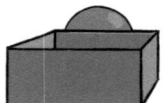

dèyè

darrere

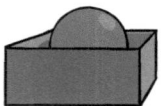

nan

en

devan

davant de

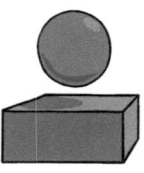

sou tèt

damunt

sou

sobre

anba

sota

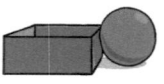

bò kote

al costat

nan mitan

entre

kote

lloc